教師のための携帯ブックス㉕

表ネタが通用しない場面へ投入！
授業づくりの裏ネタ38 & 使えるアイテムネタ4

中條佳記 著

黎明書房

はじめに

　こんにちは。奈良の中條佳記です。教員生活18年目がもうすぐ終わろうとしています。これまでに出会った子どもたちは，のべ540人（約30人×18年），出会った先生方や関係者の方々は，北海道から沖縄県までで，のべ700人（約70人×10年）を数えます。（これまでにこんなにたくさんの方々と出会ってきたのか）と，改めて驚きました。幸せなことに最近，教え子が成人を迎え，居酒屋で一杯，なんてことができるようになってきました。

　思い返せば，教員2年目。自分の力足らずゆえに引き起こしたトラブルの数々。ベテランの先生方はじめ，周りの先生方に助けていただきました。その頃から，（俺はこのままでいいのか？　いや，このままではダメだ，なんとかせねば！）と心の中で，繰り返し考えていました。そして，6年目の冬。奈良の土作彰氏による教員向けの「教育セミナー」に初めて参加しました。それは，目の前の子どもたちが笑顔になる！　楽しい学級を作ることができるかもしれない！　と強く感じた瞬間でした。それから，12年。いわゆる【授業ネタ】を集め，開発し，授業に取り入れ続け，今日までやってきました。そして今，職場やセミナーに参加する若手の先生方に聞いてみると，「先生，学級で使えるネタが欲しいです」「授業で使えるネタって，どんなものがありますか」など，訴えや質問が

あることは事実です。もちろん，子どもたちの前で【授業ネタ】だけ披露して終わっていたのでは，楽しいだけで終わってしまい，先に続きません。その先にある「どんな学級経営をしていくのか」「どんな子どもたちを育てたいのか」「どんな学びをしていくのか」など，教師ビジョンがどこまであるかによって，その【ネタ】の扱いやその後のフォローに繋がるわけです。

　今回，書かせていただいた『裏ネタ』は，十数年前だと，「表ネタ」だったに違いありません。昨今，若手教員が増え，「表ネタ」と思って伝え，アドバイスをしても，(あ〜そうか！彼らにとっては，裏ネタになる！）ということに気づきました。前回，黎明書房さんから発刊していただいた『表ネタが通用しない場面へ投入！　学級づくり&職員室の裏ネタ45』についても，今回と同様です。最終到達点を決めるならば，表だろうが，裏だろうが，学級・学年・学校という枠の中で，いかに先生が教育活動に従事し，授業で勝負，学級経営をどう進めていくかということに尽きると思います。この本が，そんな先生方の一助になれば，幸いです。

　最後になりましたが，この本の発刊まで，多数のお力添え，励ましのお言葉をいただきました黎明書房の武馬久仁裕社長，編集の水戸志保さんに心より御礼申し上げます。

　　　平成30年11月22日　　　奈良香芝の自宅書斎にて

　　　　　　　　　　　　　　　　　　　中條佳記

も く じ

はじめに 1

第1章 授業づくりの裏ネタ … 7

国語

1. R-1(読むー1)グランプリ …………………… 8
2. 特製早口言葉にチャレンジ! ……………… 10
3. 騒音計で大声選手権 ………………………… 12
4. 学級文庫立ち読みコーナー ………………… 14
5. 立ち歩き読み ………………………………… 16
6. 小筆で一句 …………………………………… 18
7. ノートの縁子(ふちこ)さん ……………………… 20

算数

1. 折り込み広告で,素早く計算<たし算編> …… 22
2. 折り込み広告で,素早く計算<かけ算編> …… 24

❸ 家庭科室でかさを量ろう ………………………… 26
❹ かけられる数とかける数　どっちがどっち？ … 28
❺ ズバリ当てましょ　この重さ …………………… 30

社会

❶ 札束から税 ………………………………………… 32
❷ サヌカイト ………………………………………… 34
❸ 信長のぼり ………………………………………… 36
❹ 割り箸 ……………………………………………… 38
❺ みんなの行基さん ………………………………… 40
❻ 鑑真さん …………………………………………… 42
❼ 沖縄の授業　導入ネタ …………………………… 44
❽ 北海道の授業　導入ネタ ………………………… 46
❾ 子ども作成歴史人物フラッシュカード ………… 48
❿ 沖の鳥島 …………………………………………… 50
⓫ お蚕さん …………………………………………… 52

理科

❶ ハイ！ どうぞ（火山灰） ……………………… 54
❷ 風速計 ……………………………………………… 56
❸ 岩石で絵の具 ……………………………………… 58
❹ そこ何度？ ………………………………………… 60

音楽

❶ リクエスト歌合戦 ………………………………… 62

図工

❶ 焼き板バーナー ………………………………… 64
❷ なんちゃって水墨画 ……………………………… 66
❸ 名前でアート …………………………………… 68
❹ 飛行機とばそ …………………………………… 70

家庭科

❶ よい舌を鍛えよう！ 味利きソムリエ ………… 72

保健体育

❶ 前にならえ（三段活用） ………………………… 74
❷ JUMP－1グランプリ …………………………… 76
❸ 握力№.1選手権大会 ……………………………… 78

道徳

❶ 教科書の裏を読め ……………………………… 80
❷ ボランティア …………………………………… 82

第2章　使えるアイテムネタ … 83

- ❶ メガホン ………………………………………… 84
- ❷ カウントダウン ………………………………… 86
- ❸ 壁時計 …………………………………………… 88
- ❹ 欠席連絡シート ………………………………… 90

第1章

授業づくりの裏ネタ

　授業づくりは,教師の基本。ここで勝負しないで,どこで勝負しますか？
　子どもたちの目がキラリと輝く裏ネタを,ぜひ使ってみましょう。きっと,変わりますよ。

国語 1 R-1（読む-1）グランプリ

> 音読大会です。学習した教科書教材（物語文，説明文，詩など）を扱います。
> 全員が参加すると，盛り上がります。

★★★★★★★★★ 裏ネタのすすめ方 ★★★★★★★★★

① 「今回のR-1グランプリの課題文は，ごんぎつねです。自分の気に入った場面（約1ページ）を選び，練習しておきましょう」と説明します。

② 「読んだ人を全員で評価します。評価内容は，声の大小高低，読む速さ，姿勢です。各5点満点，合計15点満点で評価します」と説明を続けます。

③ 1週間後，評価用紙（教師が準備した表）を全員に配付し，音読の希望者を募ります。希望者間で，順番をくじで決め，グランプリを開催します。

④　優勝者には，教師手作りの表彰状をプレゼントします。

★★★★★★★★★★★ 裏ネタ＋α ★★★★★★★★★★★

- 題材は，教科書掲載の物語文や説明文，読み物教材を扱うと，年間数回実施することができます。
- 個人読みに慣れてきたら，チーム読みを取り入れると盛り上がります。
- これまでに学習した教材や投げ入れ教材でも可能ですし，読む場面を教師側で設定し，同じ条件で読ませるのもよいでしょう。
- 文章を読む時に，かんだり，つまったりする子がいますが，評価の観点に入れないことを必ず伝えます。
- 表彰者は3位まで，入賞者は8位までとすると，子どもたちのやる気に繋がります。
- 読む順番は，くじ引きにすると，公平性が保たれます。
- 読む場所を変えると盛り上がります。（自席，教室後方，教室前方，教室の中心〔全員が机・椅子を中心に向けて，その中心で読みます〕，ステージ〔前方に台を置き，その上で読みます〕）
- 評価は3つ以上でやります。多くても，5つまでにしましょう。素早い得点の計算力も必要になってきます。

国語 2 特製早口言葉にチャレンジ！

> 子どもたちが大好きな早口言葉。オーソドックスな早口言葉に加えて，特製早口言葉にもチャレンジ。

✦✦✦✦✦✦✦✦✦ 裏ネタのすすめ方 ✦✦✦✦✦✦✦✦✦

① 「お口の体操をします」と伝え，「お口の周りの筋肉を意識してやりますよ～」と続け，「あ・え・い・う・え・お・あ・お」と唱えます。

② 続いて，「早口言葉を言います」と言い，【生麦(なまむぎ)　生米(なまごめ)　生卵(なまたまご)】と板書します。

③ 「皆さんで読んでみましょう」と伝え，唱えます。

④ 「続いて，2つ目」と言い，【となりの客(きゃく)は　よく柿(かき)食(く)う客(きゃく)だ】と板書し，唱えます。

⑤ 「それでは，3つ目」と言い，【となりの柿(かき)は　よく客(きゃく)食(く)う柿(かき)だ】と板書し，横に絵を描き加えます。

⑥ 教師は，「ギャー！　人食い柿だー」と叫びながら，子どもたちと唱えます。子どもたちは大喜びです。

⑦ 「すべて通して読みます」と伝え，①，②，④，⑤を続けて唱えます。

★ ★ ★ ★ ★ ★ ★ ★ ★ ★ ★ ★　裏ネタ＋α　★ ★ ★ ★ ★ ★ ★ ★ ★ ★ ★ ★

● 黒板に，大きな柿を描き，目と大口と牙を描き足し，人は棒人間で表現し，吹き出しに「キャー！　人食い柿に食べられる～！　助けて～！」と書き加えます。
● いくつか早口言葉を紹介し，子どもたちとオリジナルの早口言葉を開発していくと，より楽しい時間となります。
● うまく言えない子のためにも，遅口言葉も交えるとよいでしょう。（早口言葉をゆ～っくり読みます　⇨　一つひとつの語をのばして読みます）
● 子どもたちは言葉だけではイメージしにくいので，早口言葉の簡単な絵を黒板に描くと盛り上がります。

国語 3 騒音計で大声選手権

> 全国的にも有名になりつつあるこのネタ。
> ネタの使い方を間違えないようにしましょう。
> ただ大声を出すだけでは，品がありません。

★★★★★★★★★★ 裏ネタのすすめ方 ★★★★★★★★★★

① 「大声選手権大会を開催します」と伝えます。
② 「テーマは感謝です。誰にどんな言葉を伝えるかを今から考えます」と説明します。
　〈例〉 おかあさん！　いつもありがとう！〉
③ 騒音計を取り出し，「声の大きさは見えませんから，数字でわかるようにこれで測定します。ただ大声を出すだけではダメです。みんなが聞いていて心地よい声で言うとよいですよ」と説明を続けます。
④ 「それでは，チャレンジャーどうぞ〜」と言い，子どもの口の前に騒音計をセットし，最大値を測定していきます。
⑤ 1番大きな声が出せた子に，拍手を贈ります。

★ ★ ★ ★ ★ ★ ★ ★ ★ ★ ★ ★ 裏ネタ＋α ★ ★ ★ ★ ★ ★ ★ ★ ★ ★ ★ ★

●何度もするうちに，クラス全員に届く声の大きさ（約50～60デシベル）や話し方が身につきます。
●慣れてくると，「じゃあ，80デシベルくらいの声で言いましょう」など数値で説明できるようになります。
●なかなか声を出せない子どももいますが，無理強いしないように。全員参加は強制しません。
●大きな声を出してみたい！　自分の声の大きさはどれくらいの大きさ？　など，子どもたちの関心が高まると，休み時間に「騒音計を使わせてください」と言ってきたり，学級イベントで使用したりするようになります。
●声の大きさの例を示すと，盛り上がります。

120～130db　飛行機のエンジン音
　　　110db　ヘリコプター
　　　100db　電車の高架下
　　　 90db　犬の鳴き声
　　　 80db　地下鉄の車内（窓を開けた状態）
　　　　　　 ピアノ
　　　 70db　掃除機の音
　　　 40db　静かな図書館

国語 4 学級文庫立ち読みコーナー

> 教室後方が、本屋さんに変身！
> いろいろなジャンルの本が並ぶので、子どもたちは本を選ぶ楽しみを知ります。

裏ネタのすすめ方

① 教室後方に学級文庫をつくります。

② 学級文庫に置いてほしい本のリクエストを子どもたちから募集します。

③ リクエスト以外にも、物語、伝記、雑学、料理、建築、車、釣り、絵本、電車……と、幅広いジャンルの本を揃えます。

④ 「教室の学級文庫がリニューアルしました」と宣伝します。

⑤ 「立ち読みOKです。もし気に入った本があれば、座席まで持っていってもよいですよ。ただし、

ずーっと立ち読みしていると他の人が読めないので，自席に戻るようにしましょう」と伝えます。

★★★★★★★★★★★★ 裏ネタ＋α ★★★★★★★★★★★★

- リクエストした本が並ぶと子どもたちは読書に関心をもつようになります。
- 教室後方に小畳やマットを置いてもＯＫ。
- 教室の側方に棚を準備して，置き場を拡大してもよいでしょう。
- 休み時間だけでなく，テスト終了後や隙間時間に利用してもよいでしょう。
- 学級文庫本は，教師が準備したものだけにします。図書館から譲ってもらえるもの，古本屋，知り合いから譲ってもらったもの，新しく購入したものなどを配置します。子どもたちが家から持ってきたものは置かないようにします。
  ⇨せっかく持ってきてくれた本が破損したり，汚れたりしてしまうためです。
- 漫画はダメ！　という学校のルールがある場合があります。ただし，教育的効果，教育的意義の高いものをこっそり置くのはよいでしょう。

国語 5 立ち歩き読み

> 教室中をグルグル回りながら音読する方法です。子どもたちはニコニコしながら活動します。

★★★★★★★★★★ 裏ネタのすすめ方 ★★★★★★★★★★

① 「国語の教科書，○ページを開けます」と指示します。
② 教科書にのっている物語文や説明文を題材にします。
③ 音読範囲を設定します。
　〈例〉○ページ△行目から，●ページ▲行目まで。
④ 立ち歩き読みの〈おきて〉を説明します。

1．ぶつからないように気をつける
2．立ち止まらない
3．集中して読む

---

⑤ 全員起立し「立ち歩き読み，よーいスタート」の合図で始めます。
⑥ 終わった後，「一旦，教室を出たら，この読み方をすると……？」と問い，「そう！　歩きスマホと同じだから，絶対にしないようにしましょう」と，付け加えておきます。

★★★★★★★★★★★★ 裏ネタ+α ★★★★★★★★★★★★

●最初は,歩くルートを決めておくとよいでしょう。
〈例〉教室内時計周り　など
●机と椅子をすべて後ろに下げて,フロアを広くとると,活動しやすくなります。
●2人組になり,声を合わせて読ませても盛り上がります。
●読む回数や時間を設定しておき,終われば自席へ戻るように指示しておきます。
●自席で座って読む　→　自席で立って読む　→　自席で後ろを向いて読む　→　隣の子と向き合って読む　→　自席近くでウロウロ読む　→　教室内を練り歩きながら読む
というように段階を踏んで,読み方のレベルアップに繋げます。

国語 6 小筆で一句

> 日々のことを感じたままに俳句や川柳にしていきます。さぁ、小筆を持ってサラサラサラ〜。

★ ★ ★ ★ ★ ★ ★ ★ ★ ★ 裏ネタのすすめ方 ★ ★ ★ ★ ★ ★ ★ ★ ★ ★

① 「今から句を詠みます」と伝えます。
② 下書き用紙を配ります。(更紙を短冊状に切ったもの)
③ 教師がお題を決めて、子どもたちはお題にそった句を作ります。
〈お題例〉朝、教室、休み時間、先生、友だち、授業、給食、掃除、保健室 など
④ 句ができたら、教師が見ます。
⑤ OKならば、清書用紙(上質紙を短冊状に切ったもの)を渡します。
⑥ 小筆と硯と墨汁を準備し、清書用紙に書いていきます。
⑦ できた句は、後方黒板に掲示します。
⑧ みんなで鑑賞します。

★★★★★★★★★★★ 裏ネタ＋α ★★★★★★★★★★★

●店で俳句用の短冊や色紙(しきし)を購入し，準備してもよいでしょう。
●教室内を立ち歩きながら句を作ってもよいでしょう。
●詠めた人から「ハイッ！」と言って起立し，清書し，みんなの前で発表しても盛り上がるでしょう。
●サラリーマン川柳や昔の人が詠んだ句，小学生が詠んだ句などを子どもたちに伝えて，句作りの参考にしてもよいでしょう。

はいはいはい
あたるともじもじ
わすれました

中條　佳記

さようなら
帰りのあいさつ
うわのそら

中條　佳記

今日は何？
こんだてひょうと
にらめっこ

中條　佳記

じゅぎょうちゅう
とけいばかりが
きになります

中條　佳記

国語 7 ノートの縁子（ふちこ）さん

子どもたちのノートに描きます。動きがあると面白いです。ノートの罫線，枠の外に描きます。

★★★★★★★★★ 裏ネタのすすめ方 ★★★★★★★★★

① 漢字練習帳や教科別ノートを回収します。
② 子どもたちが書いたノートの内容や見栄え，書いた字が素晴らしい場合，赤ペンで棒人間を描き入れます。
③ 描き入れる箇所は以下のようにします。

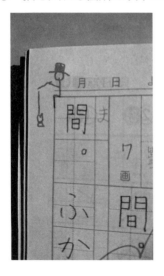

④ 棒人間の数が多いほど,評価が高いことを子どもたちに伝えます。子どもたちはノートを丁寧に書くようになります。

★★★★★★★★★★★★ 裏ネタ＋α ★★★★★★★★★★★★

●縁子さん風の棒人間にコメントさせても面白いです。

算数
1 折り込み広告で, 素速く計算〈たし算編〉

> 新聞に入っている折り込み広告を使います。
> 子どもたちにとって,たし算が身近なものになります。
> 計算力,暗算力が上がります。

★ ★ ★ ★ ★ ★ ★ ★ ★ ★ ★ 裏ネタのすすめ方 ★ ★ ★ ★ ★ ★ ★ ★ ★ ★ ★

① 教師が準備しておいたスーパーマーケットの広告を1枚,子どもたちに見せます。

② 「これからみなさんで買い物をします。今から伝える品物の合計金額を答えてね。計算できた人は手を挙げます」と説明します。

③ 「それでは第1問!」と言い,問題を出します。

④ 「卵Lサイズ1パック150円,奈良県産キャベツ1玉140円,近海産マグロの刺身400円。合計金額は?」と勢いよく,少し早口で伝えます。

⑤ 答えられた人には,みん

22

なで拍手を送ります。

★★★★★★★★★★★ 裏ネタ＋α ★★★★★★★★★★★

- 電気屋さん，不動産屋さん，薬屋さん，駄菓子屋さんなど，品を変えても盛り上がります。
- 品物の値段を予想しても面白いです。チーム戦にして，ミニホワイトボードに予想していきます。
- 献立を決めて，買い物する品を紹介してもよいでしょう。
  〈例〉「今日はカレーライスを作ります。買ってくるものは……」と伝えます。「お米○○円，にんじん○○円，たまねぎ○○円，じゃがいも○○円，カレールー○○円，牛肉○○円です。全部でいくらでしょうか。」
- 子どもたちにとって，馴染みの深いお店の折り込み広告ほど，授業は盛り上がります。
- いくつか折り込み広告を準備しておき，「今日はどこのお店で買い物したいですか？」と子どもたちに訊くと，「先生，今日はヤオヒコがよいです！」「おくやまがよい！」など声が上がります。

算数 2 折り込み広告で, 素速く計算〈かけ算編〉

> 新聞に入っている折り込み広告を使います。
> 子どもたちにとって, かけ算が身近なものになります。
> 計算力, 暗算力が上がります。

★★★★★★★★★★ 裏ネタのすすめ方 ★★★★★★★★★★

① 教師が準備しておいたスーパーマーケットの広告を1枚, 子どもたちに見せます。

② 「これから, みなさんはスーパーマーケットで買い物をします。今から伝える品物の合計金額を答えてね。計算できた人は手を挙げます」と説明します。

③ 「それでは第1問!」と言い, 問題を出します。

④ 「卵Lサイズ1パック150円を3パック。さて, いくら?」と勢いよく, 早口で伝えます。

⑤ 答えた人には, みんなで拍手を送ります。

★★★★★★★★★★ 裏ネタ＋α ★★★★★★★★★★

- 「1つ30円のお菓子を5つ」など，九九で答えられる問題も入れるとよいです。
- 慣れてきたら，かけ算とたし算を合わせた問題を入れると，少し難易度が上がって，盛り上がります。
  〈例〉「1つ30円のお菓子を5つ，1個10円の卵を3個，合わせていくらでしょう？」
- いろいろなお店の折り込み広告を準備しておくと，子どもたちは選べて楽しい授業になります。
- 子どもたちに折り込み広告を配り，一人ひとりがかけ算の問題をつくり，発表しても，盛り上がるでしょう。

算数 3

家庭科室でかさを量ろう

> 教室とは違う場所だと、子どもたちの気持ちは高ぶります。低学年にとって特別教室は憧れの場所です。

★ ★ ★ ★ ★ ★ ★ ★ ★ ★ 裏ネタのすすめ方 ★ ★ ★ ★ ★ ★ ★ ★ ★ ★

① 「今日は家庭科室で算数をします」と教室で伝え、移動します。
② 「自分たちで道具が揃っているか、確認しましょう」と言い、チームごとにテーブルに準備した計量カップやボール、お玉などを確認させます。

《準備物》計量カップ、ボール大2つ、おたま、計量スプーン

③ 「それでは第1問！」と言い、問題を出します。
④ 「きっちり、ボールに入れるのは、750mL」と勢いよく言い、水道の水を計量カップ

で量ります。
⑤　机間支援しながら，量れていればＯＫサインを出します。
⑥　全チームクリアできたら，「第2問！」と言って続けていきます。

★★★★★★★★★★★★★ 裏ネタ＋α ★★★★★★★★★★★★★

●ボールに水を準備しておくと，節水になります。
●ジュースでやると，子どもたちのテンションはＭＡＸ。紙コップを準備しておき，授業の後はみんなで乾杯！！
●低学年の子どもたちにとって，家庭科室は憧れの場所です。道具を扱うときには大切に扱うように教師は伝えます。
　〈例〉「ここは，5年生，6年生（高学年）になると使える家庭科室です。今日は特別に使わせてもらっています。道具が傷むと実習ができません。道具は大切に扱ってくださいね」
●たらいをグループ分だけ準備し，水を入れておき，「これって，どれくらいの水が入っているんだろう」と子どもたちに問いかけ，協力して量っても盛り上がります。

算数 4 かけられる数とかける数 どっちがどっち？

> かけ算を学習するときの必ず通らなければならない関門の一つ。
> 混乱せずに覚えられます。

★★★★★★★★★★★ 裏ネタのすすめ方 ★★★★★★★★★★★

① 画用紙に描いた皿とサラダとドレッシングの絵を準備します。印刷したものでもOKです。
② 皿の絵を黒板に貼ります。
③ サラダの絵を黒板に貼る前に,「みんな,ドレッシングって,先にお皿にかけますか？」と問います。
④ サラダの絵を貼った後,ドレッシングの絵を貼ります。
⑤ 「これ,かけ算のことなんですよ」と言いながら,サラダの絵に【かけられる】と書き,ドレッシングの絵に【かける】と書きます。
⑥ 「かけ算は,【かけられる】数×【かける】数となります。どちらがどっちだったか迷ったら,サラダとドレッシングを思い出してね」と説明します。

★ ★ ★ ★ ★ ★ ★ ★ ★ ★ ★ ★ 裏ネタ＋α ★ ★ ★ ★ ★ ★ ★ ★ ★ ★ ★ ★

- オムライス【かけられる】とケチャップ【かける】など，他の食べ物でもよいです。
- 人でやると，インパクトはありますが，プロレスのようになって，危険です。

 〈例〉おんぶをしているシーン
 　　　おぶっている人【手をかけられる】
 　　　おぶられている人【手をかける】

- わり算の【わられる】数と【わる】数も，かけ算のネタを使って，説明できます。

 〈例〉桃【わられる】と斧【わる】

かけられるもの　　　　かけるもの

算数 5 ズバリ当てましょ この重さ

> 子どもたちは感覚を研ぎ澄まします。ベースとなる重さから正確な重さを予想していきます。

★ ★ ★ ★ ★ ★ ★ ★ ★ ★ 裏ネタのすすめ方 ★ ★ ★ ★ ★ ★ ★ ★ ★ ★

① 巾着袋の中に，1円玉を1000枚準備します。
 ⇨ 1円玉は1g。
② 教師は，巾着を見せて，「これ，どれくらいの重さだろう？」と問いかけます。
③ 子どもたち一人ひとりに巾着袋を持たせていき，「どれくらいだと思いますか」と声をかけます。
④ 予想させた後，「正解は1000gです」と伝え，「さて，何kgでしょうか」と続けて問います。
⑤ 「それでは，この重さを基にして，正しい重さをお答えください」と言い，新たな袋を準備し，予想させ，正解を発表します。

★★★★★★★★★★★★★ 裏ネタ＋α ★★★★★★★★★★★★★

- チーム戦が盛り上がります。
- 1ｇ，10ｇ単位ではわかりにくいので，100ｇ単位の増減が望ましいでしょう。
- 金融機関で両替すると，1円玉を100枚毎に括ってくれています。
- 袋の中に鉄アレイなどを入れるとよいでしょう。鉄アレイの取扱いの際には，教師が補助しましょう。重さが表示されていて，子どもたちはわかりやすいでしょう。
- 事前に，1ｇ，10ｇ，100ｇ，1000ｇの重さを体験しておくとよいでしょう。その後，このネタをやると，子どもたちは，「どうだったかな？」と感触を思い出しながら活動するので，より盛り上がります。

社会 1 札束から税

> 納税の義務について学習したときに使えます。本物は準備できないので、偽物で体験的活動をします。
> 実感を伴った公民の学習に最適です。

★★★★★★★★★★★ 裏ネタのすすめ方 ★★★★★★★★★★

① 新聞紙や更紙などで作った札束（1000万円分×10束）を準備します。※1万円札1枚を約1gで計算します。約10kgになるので、子どもの力を借りてもよいでしょう。

② 「今から札束を持ってもらいます。いくらか予想しましょう」と伝え、1億円の札束を持たせます。重量はおもりで量り、本物と同じにします。子どもたちはその重さに驚き、感動します。

③ 「これが1億円で、約10kg。それでは、国の予算はいくらなのでしょうか」と問います。国家予算の大半が税金であること、国家予算や自分たちの住む都道府県予算などを説明します。そのとき、国家予算や地方予算が、何にどれだけ使われているのかを確認します。※平成30年度の国家予算は、約97兆7128億円です。

④ 自分ならば、何にどれくらいの税金を使うのか、予算を

立てさせ，理由も考えさせます。予算は，その年度の国家予算を基にします。※細かく立てず，例を挙げると，理由も考えやすくなります。〔例〕教育費，土木費，防衛費，医療介護費，スポーツ振興費，農林水産業費，災害復旧費など

⑤ 全体に訊きます。国会風に，座席の配置も工夫し，「え〜私の考える国家予算の使い道をお伝えします」と議員になりきり，発表する子どもがいると楽しく授業が進められます。

★★★★★★★★★★★★ 裏ネタ＋α ★★★★★★★★★★★★

- 給与に対して，どんな税金がどのくらいの割合でかけられているのかを正確に伝えます。※子どもたちに人気の職業を例にすると子どもたちは興味を持ちやすいです。
- 誰の予算案が良かったか，投票します。一番に選ばれた子どもに「○○君の予算案が満場一致（過半数を超え）で承認されました」と言って，拍手を贈ります。
- 生活保護費については，家庭の事情を配慮し，取り扱いや説明は十分に考慮しましょう。
- 国債，地方債は，いずれも借金であるが，国民が買うことによって，国や地方を助けているという説明もしておきましょう。
- 子どもたちにとって，「税」を身近に感じられる工夫が必要です。地域の税務署と連携し，ゲストティーチャーとして来ていただき，説明してもらう方法もあります。

社会 2 サヌカイト

> 本物を準備します。縄文時代に使われていた石に実際に触れてみます。

★ ★ ★ ★ ★ ★ ★ ★ ★ 裏ネタのすすめ方 ★ ★ ★ ★ ★ ★ ★ ★ ★

① 「今日,先生は【ある物】を持ってきました。今から触れてもらいます」と伝え,中身の見えない袋に入った石を外から手で触ってもらいます。

② 全員が触るまで答え合わせをせず,「わかった人はいますか」と問い,子どもたちの様子をみます。

③ 「これは縄文時代に使われていたサヌカイトという石です。何に使われていたでしょう」と問い,隣の人と話し合わせます。

④ 正解を確認し,子どもたちに1つずつビニールの袋に入れてプレゼントします。子どもたちは縄文人になった気分で,とても喜びます。ただし,非常に鋭利で危険な石です。使用,保存方法を必ず伝えます。

⇨ポケットに入れない。まわりの物を傷つけない。投げない。など

★★★★★★★★★★★★ 裏ネタ＋α ★★★★★★★★★★★★

●縄文時代の学習の導入に使うとよいでしょう。
　⇨子どもたちと教材との空間的，時間的な距離を縮めるためにも，道具などの本物，疑似物があれば，よいでしょう。
　⇨竪穴住居など，見学に行くのもよいでしょう。
　⇨三内丸山遺跡より「縄文ポシェット」，クルミなどを購入して準備し，触れさせてみて，縄文時代の人たちの暮らしを想像させるのも面白いでしょう。
●奈良県香芝市二上山博物館で，販売しています。また香川県屋島でも販売しています。しかし，希少価値が高いため，数量限定です。

社会 3 信長のぼり

> レプリカを準備します。
> 織田信長が当時どんなことを考えていたのか。
> 戦場でも使用した物を扱います。

★★★★★★★★★★★ 裏ネタのすすめ方 ★★★★★★★★★★★

① 幟(のぼり)を登場させ,「この旗は誰が使っていたでしょう」と問います。
② 「ヒント1 こわいと思われていた人です」と言って,子どもたちの様子を見ます。
③ 「ヒント2 戦国時代の大名です」と言います。
④ 「ヒント3 本能寺で部下に殺されてしまいます」と言います。
⑤ 「正解は織田信長さんです」と伝え,「ここに描かれている物は何でしょう」と問い,中国の貨幣(永楽通宝)であることを伝えます。
⑥ 続いて「それでは,どうして織田信長さんはこの旗印にしたのでしょうか」と問います。
⑦ 「旗印にお金を使っていたということは……」と説明し,楽市楽座をはじめ,商業に力を入れ,町を発展させ,活気

ある町づくりをすることで，財力を増やそうとしていた信長の考えを学びます。

★★★★★★★★★★★★ 裏ネタ＋α ★★★★★★★★★★★★

- 【楽市楽座】政策の学習や安土城下の町の賑わい，信長さんの考えに繋げるとよいでしょう。
- 永楽通宝を古銭屋さんで購入しておくと子どもたちが手に取れるので学習効果は高まります。
- 今の小銭を旗印に印刷したものを準備しておくと，比較できて面白いでしょう。

＊写真は，新戦国丸で取り扱われているものです。

社会 4 割り箸

> 本物を準備します。奈良県産吉野杉を使用した香りのよい割り箸がどうやって作られたかを知る授業です。

★★★★★★★★★ 裏ネタのすすめ方 ★★★★★★★★★

① 「割り箸って使ったことありますよね。木の無駄遣いですか」と問います。
② 「無駄遣いだ！」「余った木を使ってる」の2つの意見が出たのを見計らって，「今日は奈良県で採れた吉野杉を使った割り箸を持ってきたので皆さんにお配りします」と言って，子どもたちに一膳ずつ渡していきます。
③ 「触り心地，香りなど感想を教えてください」と言葉を投げかけます。子どもたちは，「やわらかい」「木の香りがする」「すべすべしてる」などと言います。
④ 「この割り箸って，どうやって作られているか知っていますか」と問います。「木を削ってる」「大きなカッターで木を切っている」などと言います。
⑤ そこで，「実は，割り箸をこんな風に作っています」と言いながら，説明をします。

★ ★ ★ ★ ★ ★ ★ ★ ★ ★ ★ ★ 裏ネタ＋α ★ ★ ★ ★ ★ ★ ★ ★ ★ ★ ★ ★

●郷土の産業を学ぶ一例です。ESD（持続可能な開発のための教育）にも使うとよいでしょう。
●次の写真のように作られていることを解説します。

①

②

③

④

社会 5 みんなの行基さん

> 行基さんって、知ってる？ どんな人だったのか歴史上の人物に迫ります。

★ ★ ★ ★ ★ ★ ★ ★ ★ 裏ネタのすすめ方 ★ ★ ★ ★ ★ ★ ★ ★ ★

① 「この写真は誰ですか」と問います。子どもたちは興味津々です。

② 「この人は行基さんと言います。どんなことをした人でしょうか」と問い、教科書や資料集で情報を集めます。
「実は……」と言いながら、大阪府堺市にある家原寺（えばらじ）の写真を見せ、「生まれたのはココ」と説明します。大阪狭山池や兵庫県にある昆陽池（こやいけ）の写真を登場させ、「みんなに頼まれると快く引き受け、橋や池を造ったり、修理したりしてたんだよ」と解説します。

③ 「だからこそ、聖武天皇に〇〇〇を造るの手伝って？ と言われたら断れなかったのかもしれませんね。さてこの〇には何が入るでしょうか」と問います。

★ ★ ★ ★ ★ ★ ★ ★ ★ ★ 裏ネタ＋α ★ ★ ★ ★ ★ ★ ★ ★ ★ ★

- 奈良時代の学習の導入に使うとよいでしょう。
- 家原寺（行基さん生誕の地）には銅像，大阪狭山池博物館には行基さんが溜め池を改修した資料などが残されていますので，ぜひ足をお運びください。
- 近鉄奈良駅前には，東大寺の方を向いて立つ行基像があります。

社会 6 鑑真さん

> 遠く中国から海を渡り苦労して日本にたどり着いた高僧　鑑真。

★★★★★★★★★ 裏ネタのすすめ方 ★★★★★★★★★

① 「この写真は誰ですか」と問います。子どもたちは興味津々です。
② 「この人は鑑真さんと言います。どんなことをした人でしょうか。調べてみましょう」と問い，教科書や資料集で情報を集めさせます。
③ 唐招提寺にあるお墓の写真を見せ，「これが鑑真さんのお墓です」と説明し，「どこにあるでしょうか」と問います。
④ 「鑑真さんのお墓は，奈良にある唐招提寺というお寺にあります」と説明します。
⑤ 中国にある揚州・大明寺の写真を提示し，「ここが鑑真さんのふるさとです」と説明します。
⑥ 唐招提寺で販売されている揚州の花【瓊花（けいか）】が練り込まれた『天平香』をプレゼントし，「鑑真さんのふるさとの香りがするでしょ？」と投げかけます。

★ ★ ★ ★ ★ ★ ★ ★ ★ ★ ★ ★ 裏ネタ＋α ★ ★ ★ ★ ★ ★ ★ ★ ★ ★ ★ ★

●奈良時代の仏教の学習の導入によいでしょう。
●日本からの僧に,「ぜひ日本に来ていただき,律宗を伝えてほしい」とお願いされ,お迎えの者とともに日本へやってきたことを伝えます。ただし,5回の失敗（暴風,密告,乗船拒否など）を経て,失明した末に来日することを必ず伝えましょう。
●中国から奈良の都を目指している途中で,鑑真さんは土地の香りを嗅ぎ,「ここにお寺を建てましょう」と言ったところが今の唐招提寺の場所と言われています。
●『天平香』の【瓊花】は,揚州から持ってきたものを唐招提寺で育て,それを使用しているそうです。

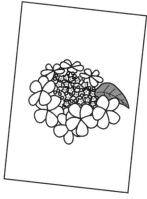

社会 7 沖縄の授業 導入ネタ

> めんそ〜れ，沖縄！　その土地の特徴をつかむ授業導入ネタ。本物を用いて，沖縄を知る。

★ ★ ★ ★ ★ ★ ★ ★ ★ ★ ★　裏ネタのすすめ方　★ ★ ★ ★ ★ ★ ★ ★ ★ ★ ★

① かりゆしウェアを着て，麦わら帽子をかぶって，子どもたちの前に登場します。

② 「はいさ〜い！　今日は沖縄のことを学びますよ〜」と伝え，日本地図を見せ，「沖縄はどこでしょう」と問います。

③ 続いて，「さて，続いて問題です。沖縄県の名産品と言えば，何でしょう」と問い，子どもたちからの発言を板書していきます。

④ 「実は今日，先生は沖縄の名産物を持ってきています」と伝え，袋からサトウキビを登場させます。

※真空パックで販売されています。

⑤ 子どもたちを前に集め，触れさせます。開封して，においも嗅ぎます。「硬いなぁ」「草のにおいが

する」などと子どもたちは言います。
⑥ 「このサトウキビからできたものをみなさんにプレゼントしましょうね」と伝え，黒糖を子どもたちに渡していきます。子どもたちは大喜びです。
⑦ 「このサトウキビがどうして沖縄県の特産品なのでしょうか」と問い，みんなで考えます。
　⇨あたたかい気候を利用した農作物であること，昔から続く伝統産業であることなどを押さえます。

★★★★★★★★★★★★★ 裏ネタ+α ★★★★★★★★★★★★★

●沖縄県が日本の南にあることが実感できます。
●サトウキビがない場合，マンゴー，シークァーサー，シーサーの置物などでもよいでしょう。
●サトウキビ畑や製糖工場の写真を子どもたちに見せて，問題にしても面白いです。
●気温や降水量，台風などを絡めて授業を進めると，さらに盛り上がります。
　〈問題例〉「沖縄県に台風は上陸したことがある？　○か×か」
　　　　　「沖縄で記録された瞬間最大風速は，どれくらい？」
●沖縄戦や基地問題については，クイズなどで扱うのではなく，大切なこと，伝えるべきこととして説明をしましょう。

社会 8 北海道の授業 導入ネタ

北の大地を学びます。その土地の特徴をつかむ授業導入ネタ。北海道は，冬から知る。

★★★★★★★★★★ 裏ネタのすすめ方 ★★★★★★★★★★

① 北海道で使用されている信号機と矢羽根の写真を子どもたちに見せます。

② 「さて，ここはどこでしょう」と問い，信号機と矢羽根に注目させます。
③ 「この写真は北海道です」と説明し，「どうして，信号機が縦，道路脇に矢羽根があるのでしょう」と問います。
④ 子どもたちから意見が出てきたところで，設置理由を確認します。

※信号機が縦なのは,雪の重さで壊れないようにするため。
　※道路脇の矢羽根は,雪が積もり,道路の端がわからなくなるのを防ぐため。
⑤ 「北海道には,過去の記録で,最低気温日本一の町があります」と伝え,地図帳で検索させます。
⑥ 「正解は旭川市。1902年1月25日にマイナス41℃を記録したそうです。想像できますか」と解説します。
⑦ 「1年のうち,雪が降るのは,10月,11月,12月,1月,2月,3月,4月です」と伝えます。さらに,「長い冬が続くために,生活の工夫が見られます。では,どんな工夫がなされているのかをこれから学習していきましょう」と説明します。

裏ネタ＋α

- 冷蔵庫,冷凍庫の温度を例示してもよいでしょう。
- 北海道で暮らす人たちが寒さや雪への対策をどのようにしているのかを学んでいけるようにしましょう。
- 雪かき,ロードヒーティング,暖房（灯油）,ドアや窓が二重構造など,自分たちの家の構造や町の様子と写真で比較すると,違いがわかりやすくなり,生活の工夫も見えてくるでしょう。

社会 9 子ども作成歴史人物フラッシュカード

> 学習指導要領に登場する42名の歴史人物。+αで教科書に登場する歴史人物もカードにしていきます。

★ 裏ネタのすすめ方 ★

① 登場してきた歴史人物を改めて紹介します。（歴史人物は学習前でも可）
② 「みなさんで歴史人物のカードを作成します。あなたは誰を選びますか」と説明します。
③ 縦20cm, 横15cmの画用紙を約50枚準備しておきます。
④ 描きたい人物が競合した場合は, 相談またはじゃんけんで決めていきます。
⑤ 画用紙の裏には, その人物名と自分の名前を書き, 完成したら, ラミネートして教室に掲示します。
⑥ 作成するときは, 鉛筆と色鉛筆をオススメします。ペンで描くと色が濃すぎて, 人物の肖像が見えにくくなります。

郵便はがき

460-8790

413

料金受取人払郵便
名古屋中局承認
1119
差出有効期間
平成32年4月20日まで

名古屋市中区
　丸の内三丁目6番27号
　　　（EBSビル8階）

黎明書房 行

購入申込書

●ご注文の書籍はお近くの書店よりお届けいたします。ご希望書店名をご記入の上ご投函ください。（直接小社へご注文の場合は代金引換にてお届けします。1500円未満のご注文の場合は送料530円，1500円以上2700円未満の場合は送料230円がかかります。〔税8%込〕）

（書名）　　　　　　　　　　　　　　（定価）　　　　　円　（部数）　　　部

（書名）　　　　　　　　　　　　　　（定価）　　　　　円　（部数）　　　部

ご氏名　　　　　　　　　　　　　　　　TEL.

ご住所 〒

ご指定書店名 （必ずご記入ください。）	取次・番線印	この欄は書店または小社で記入します。
書店住所		

愛読者カード

今後の出版企画の参考にいたしたく存じます。ご記入のうえご投函くださいますよう
お願いいたします。新刊案内などをお送りいたします。

書名	

1. 本書についてのご感想および出版をご希望される著者とテーマ

※上記のご意見を小社の宣伝物に掲載してもよろしいですか?
　　□ はい　　□ 匿名ならよい　　□ いいえ

2. 小社のホームページをご覧になったことはありますか?　□ はい　□ いいえ

※ご記入いただいた個人情報は、ご注文いただいた書籍の配送、お支払い確認等の
連絡および当社の刊行物のご案内をお送りするために利用し、その目的以外での
利用はいたしません。

ふりがな
ご氏名　　　　　　　　　　　　　　　　　　　　　年齢　　歳
ご職業　　　　　　　　　　　　　　　　　　　　（男・女）

(〒　　　　)
ご住所
電　話

ご購入の書店名		ご購読の新聞・雑誌	新聞(雑誌(

本書ご購入の動機（番号を○で囲んでください。）
1. 新聞広告を見て（新聞名　　　　　　　　　　　）
2. 雑誌広告を見て（雑誌名　　　　　　　　　　　）　3. 書評を読んで
4. 人からすすめられて　　5. 書店で内容を見て　　6. 小社からのご案内
7. その他（

ご協力ありがとうございました

★★★★★★★★★★★★ 裏ネタ+α ★★★★★★★★★★★★

- 6年生の歴史学習の初め，中盤，最後，どのタイミングでも描けますが，後半の方が，復習で活用できてよいです。
- リアルに人物を描かせるため，写真や絵をよく観察させましょう。上手い，下手は問いません。その人物の肖像画を丁寧に描くように声かけしていきましょう。
- こだわりをもって，その人物を描くため，その人物のことをもっと詳しく知りたいと考える子どもも出てきます。そのような子は，自主学習などでその人物のことをまとめたり，自由研究で特集を考えたりします。
- 42名だけ扱うのではなく，教科書に登場してきた歴史人物を描きたい子どもがいれば，どんどん描くように勧めていきましょう。
- 歴史人物の絵を写真で撮影し，データとして授業に活用したり，ミニカードにして子どもたちに提供したりして，一度描いて終わりにせず，活用法を広げていきましょう。

社会 10 沖の鳥島

日本最南端の離島。未踏の地であり、訪問できない島。教室に再現しましょう。

★★★★★★★★★★ 裏ネタのすすめ方 ★★★★★★★★★★

① 新聞紙を使って、沖ノ鳥島の東小島を作成しておきます。
　※ 1.58㎡なので、1辺が 1.26m の正方形で作ります。
② 「今日は、日本の端っこの学習をします。その端の中で一番小さい島を今日は持ってきました」と伝えます。
③ 「その島は、満潮時に6cmだけ海上に出ています」と言いながら、親指と人差し指で6cmを表します。
④ 東小島を登場させ、教室に敷きます。「これが島です。太平洋のど真ん中にポツーンとあります」と説明します。

⑤ 「沖ノ鳥島に上陸したい人？」と聞き，子どもたちが何人乗れるのか，体験コーナーをします。

★★★★★★★★★★★★ 裏ネタ＋α ★★★★★★★★★★★★

- 日本の国土を学習するときに使います。
- 新聞紙を２～３枚重ねて，丈夫に作っておくと破れません。
- 新聞紙のままでは，島の雰囲気が出ないので，グレーのスプレーで色をつけてもよいでしょう。
- 北小島の存在と，東小島の写真があれば，より詳しく説明できます。島の成り立ち，現在の様子，どうしてそこまでして島を守っているのかなどの説明を加えると，より理解が深まります。
- 沖ノ鳥島の他に，択捉島（北），南鳥島（東），与那国島（西）を扱い，国内で実際に行けるのは，与那国島だけであることも伝えましょう。
- 現在，訪れることのできる日本の端は……

    北の端　⇨　宗谷岬（北海道稚内市）

    南の端　⇨　波照間島にある高那崎（沖縄県竹富町）

    東の端　⇨　納沙布岬（北海道根室市）

    西の端　⇨　与那国島にある西崎（沖縄県与那国町）

社会 11 お蚕さん

> 日本の工業を支え，日本製というブランドを世界に知らしめるきっかけとなった絹の原料。

★★★★★★★★★ 裏ネタのすすめ方 ★★★★★★★★★

① 蚕の繭を見せ，「これは何でしょう」と問います。
② 「これは蚕の繭です。何の原料でしょうか」と問います。
③ 「この糸を使って，こんな物が出来上がります」と解説し，絹製品を子どもたちに見せ，触れさせます。
④ 蚕の餌である桑の葉，蚕蛾の写真を見せ，「餌と蛾。この蛾が蛹になるときに繭を作るんですね」と説明します。
⑤ 「絹糸をシルクと言います。日本製の物はジャパニーズシルクと言われてブランドなんですよ」と説明します。
⑥ 「世界遺産に登録された群馬にある富岡製糸場は，蚕の繭から，絹糸をつくっていたところです」と説明を加えます。
⑦ 「明治初めの頃から，群馬や長野，岐阜など各地で絹糸，絹製品を生産し，横浜などの港から輸出されていきました」と説明を終えます。

★★★★★★★★★★★★ 裏ネタ＋α ★★★★★★★★★★★★

- 長野県の駒ヶ根シルクミュージアムで蚕の繭や糸が販売されています。
- 神奈川県横浜のシルク博物館を訪れると，蚕の餌となる桑が植えられており，どのようにして絹糸を生産していたのかがよくわかる展示になっています。また，実際に蚕が飼われていて，成長の様子などが見られます。
- 明治の殖産興業の導入に使います。世界遺産の富岡製糸場「トミオカシルク」の学習に繋ぎ，日本の政府が富国強兵を掲げた政策へと学習を進めていきましょう。
- 昔の人は，蚕蛾のことを【お蚕さん】と親しみを込めて呼び，資金源となる蚕のことを大切に扱ったそうです。

理科 1

ハイ！ どうぞ（火山灰）

> 火山灰を扱います。鹿児島の桜島から。
> 本物の火山灰を子どもたちに。

★★★★★★★★★★ 裏ネタのすすめ方

① 「今日は火山の学習をします」と伝え，準備しておいた岩石を子どもたちに見せます。

② 「火山が爆発すると，こんなものが飛んでくる危険があるんですね」と説明します。

③ 「こんなに大きなものばかりではなくて，火山灰というものが降ってきます」と言い，缶詰を登場させます。

④ 「今でも，火山がよく噴火している鹿児島の？ 桜島の火山灰です。その名も，『ハイ（灰）！ どうぞ』」と言い，子どもたちに見せます。

⑤ 裏の説明を読み，実際に火山灰に触ってもらいます。

★★★★★★★★★★★★ 裏ネタ＋α ★★★★★★★★★★★★

- 6年単元「大地のつくりと変化」の学習の導入に使うとよいでしょう。
- 鹿児島県垂水（たるみず）市役所に問い合わせると購入方法を確認できます。缶詰に記載されている文言を読み上げると盛り上がります。
- 顕微鏡で見ると，火山灰の特徴が見られて面白いです。
- 火山灰とともに，溶岩，いろいろな石などを準備しておくと，見比べられたり，手に触れられたりして，学習意欲の高まりに繋がります。

理科 2 風速計

> 風の力を見える化します。風速から見えてくる自然のすごさ。身の回りの風について考えさせます。

★★★★★★★★★ 裏ネタのすすめ方 ★★★★★★★★★

① 「台風のときに吹く風って,すごいよね。あれ,どれぐらい吹いてるんだっけ?」と問います。
② 「風速〇〇メートルとか,ニュースで聞いたことある人いますよね」と確認します。
③ 風速計を登場させて「今日は風速計を持ってきました。これで風の強さを測ることができます」と伝えます。
④ 「皆さんの口から出る息を測ってみたい人はいますか」と投げかけ,計測します。

⑤　風速がどれくらいあれば，物が壊れてしまったり，生活に影響したりするか，子どもたちに質問し，確認します。

★★★★★★★★★★★★　裏ネタ＋α　★★★★★★★★★★★★

●台風の風速表示はm／秒なので，分速，時速などに換算してみると，よりわかりやすくなる子どももいます。

〈例〉　風速　秒速 50 m（50m/s）　⇨　時速 180 ｋm
　　　最大瞬間風速　富士山　91.0m/s
　　　　　　　　　　宮古島　85.3m/s
　　　　　　　　　　　　　（気象庁ホームページより）

●風の強さによって，町や身の回りにどれだけの被害が出てくるのかを提示すると，子どもたちにとって，より身近なネタとなります。
●台風により，ご家族やご親族に被害が及んだ子どもたちがいる場合，学習を慎重に進めるようにしましょう。
●扇風機や自然の風を計測しても興味・関心が高まります。

第1章 ● 授業づくりの裏ネタ【理科】

理科 3 岩石で絵の具

> 火山の学習，川の学習……。岩石に関係する単元ならば，どこからでも使えます。

裏ネタのすすめ方

① 「この絵を見たことはありますか」と高松塚古墳の壁画写真を見せながら問います。
② 「この絵は何で描かれたのでしょうか。隣の人と相談タ〜イム」と言って，予想させます。
③ 正解を伝えた後，「先生，今日，岩絵の具を持ってきました。作ってみるので，前に集合してください」と言います。
④ 筆と水で岩石の粉をのばし，定着するように，膠を混ぜて，筆にとります。
⑤ 画用紙（特に白い紙）に描いてみます。

★★★★★★★★★★★★ 裏ネタ＋α ★★★★★★★★★★★★

- 昔の色づくりは石や植物から得ていたことを知り，社会科の歴史学習などにも繋げます。
- 色鮮やかさは見られないかもしれませんが，いろいろな岩から絵の具を作ることができることを学べます。
- 子どもたちが使ってみたい岩を家から持ってきてもよいことにしましょう。

　〈作業例〉金槌で砕く　→　乳鉢で細かくして粉末状にする　→　水と混ぜる　→　にかわや松やにと混ぜる　→　筆でとり，紙に描く

理科 4 そこ何度？

> 人へは絶対使ってはいけません。気になるその場所の温度。じゃあ，測ってみましょう。

★ ★ ★ ★ ★ ★ ★ ★ ★ ★ 裏ネタのすすめ方 ★ ★ ★ ★ ★ ★ ★ ★ ★ ★

① 教師は教室内の温度計を見て「そうかぁ。今，教室は36度かぁ」とつぶやきます。
② 「じゃあ，この教室で一番温度が高いのはどこやろなぁ」とつぶやきながら，子どもたちを見回します。
③ 子どもたちは口々に，あっちやこっちやと指さしながら予想していきます。
④ 「じゃーん！」と言いながら，放射温度計を登場させます。
⑤ 「教室で一番高い温度の場所を同時に指さすよ。せーのっ！」と言いながら，子どもたちの指す場所に温度計のレーザーポイントをあてて位置を定め，温度計が赤外線を読み取ることで，温度を測っていきます。指さす場所は，全員が一致しなくても構いません。バラバラの場所を指した方が盛り上がります。
⑥ 温度を発表して，終わります。

★★★★★★★★★★★★ **裏ネタ＋α** ★★★★★★★★★★★★

- 寒い季節に予想するのは盛り上がるし，面白いです。
- 決して人体，特に目にレーザーを当てないようにしましょう。離れた場所にあるものを測定するものです。
- 測定箇所の物体により，赤外線の放射率が異なります。温度の数値は，あくまで参考値になります。
- 放射温度計を測定対象物に近づけた方が，より正確な温度を測定できます。
- 子どもたちのリクエストに応じて，温度を測っていくと盛り上がります。また，ノートに記録していくとよいでしょう。
- 教室内で一番温度の低い場所を探しても，盛り上がります。

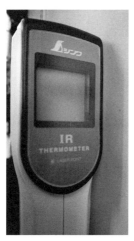 

＊写真は，放射温度計Ｂレーザーポイント機能付（シンワ測定）

音楽 1 リクエスト歌合戦

> 教科書に掲載されている歌以外にも歌ってみませんか？ 世に出ているステキな歌の数々を子どもたちと歌ってみましょう。

★★★★★★★★★ 裏ネタのすすめ方 ★★★★★★★★★

① 「今日はリクエスト歌合戦を行います」と，伝えます。

② 3人1チームとして，リクエストしたい曲を考えます。曲の候補は，子どもたちに事前に歌いたい曲をアンケートしておき，その中から選ばせます。

③ 「さて皆さん，歌ってみたい歌はありますか。まずはAチーム」と，訊ねます。

④ 続いて，Bチーム，Cチームとリクエスト曲を訊いていきます。

⑤ 全チームのリクエスト曲が出揃ったところで，Aチームの曲から流していきます。

⑥ 「他のチームでも，歌える人は歌ってくださいね」と声をかけます。

⑦ 歌い終わったら，みんなで拍手をします。

★ ★ ★ ★ ★ ★ ★ ★ ★ ★ ★ ★ 裏ネタ＋α ★ ★ ★ ★ ★ ★ ★ ★ ★ ★ ★ ★

●【みんなが知っていて，歌える曲】としばりをかけると，より盛り上がります。
●子どもたちに事前アンケートを行い，集計しておくと，スムーズに活動が進められます。

```
♪〇年〇組　リクエスト歌合戦アンケート♪
                       名前〔        〕
◎あなたが，歌ってみたい歌を教えてください。
  曲名（          ）　歌手名【     】
  曲名（          ）　歌手名【     】
  曲名（          ）　歌手名【     】
```

●流行している曲を選んで，イントロクイズを取り入れても盛り上がるでしょう。（スマホのアプリを利用してもよい）
●パソコンがインターネットにつながる環境にしておくことと，スピーカーで音を大きくできるようにしておくことと，もし映像があれば，大型テレビ（電子黒板）やスクリーンに映し出せるようにしておくとよいでしょう。
●おもちゃのマイクや衣装を準備しておくと，さらに子どもたちは盛り上がるでしょう。

図工 1 焼き板バーナー

> 表札や日直札,部屋の飾りなどに最適。
> 手軽にステキな作品が仕上がります。
> 屋外での活動をオススメします。

★★★★★★★★★★ 裏ネタのすすめ方 ★★★★★★★★★★

① 「今日は焼き板を作ります」と伝え,見本の焼き板を子どもたちに見せます。

《準備物》よく洗ったかまぼこの板,軍手,新聞紙,トーチバーナー(ガス),火箸

② 外に出て,安全な場所(火が燃えうつらない場所)を確保します。

③ 自分たちが用意した板を地面に置き,少し焦げるほど全体を焼いていきます。

※全体を焼くのに時間がかかるならば,片面をどんどん焼いていき,全員分焼けたら,裏を焼いていくとよいでしょう。

④ 焼き上がれば,板を冷まして,つやが出るまで,新聞紙でゴシゴシ擦っていきます。

⑤ 修正液で,名前や好きな言葉などを書いて,完成です。

★★★★★★★★★★★★ 裏ネタ＋α ★★★★★★★★★★★★

- トールペイントのように，絵の具で着色したり，絵を描いても素敵な作品になるでしょう。
- 木片に色を付けて，木工用ボンドで貼り付け，フックをつければ，立派な札の完成です。
- 火を扱いますので，必ずバケツに水を入れ，近くに準備しておきましょう。

《焼き板の製作工程》

①

レンガの上の加工前のかまぼこ板です。

②

バーナーで，板をあぶっています。

③

あぶった板を新聞紙で磨いています。

④

完成。

図工 2 なんちゃって水墨画

> 習字セットを使い水墨画が描けるようになります。
> 誰でも上手に見えます。

★ ★ ★ ★ ★ ★ ★ ★ ★ ★ 裏ネタのすすめ方 ★ ★ ★ ★ ★ ★ ★ ★ ★ ★

① 「今日は水墨画を描きます」と伝え,準備をします。
　《準備物》プリンカップ2つ（水を入れる）,習字セット（太筆または小筆,硯,下敷き,文鎮,半紙）

② 筆に水をたっぷりとふくませて,筆先にほんの少しだけ墨をつけます。　※事前に筆をよく洗っておきましょう。

③ 半紙中央部に筆を寝かして置き,下に向かって,太さをキープしながら下にはらいます。

④ ②の作業をし,③の描き始めより少し上に筆を置き,上に向かってゆっくりとはらいます。

⑤ 筆の水をしっかりきり,筆先に墨をつけ,枝を2～3本,シューッと斜めに細い線で描きます。

⑥ 筆先を整え,墨をつけ,真ん中長く両端短い,3枚の竹の葉をいくつか描けば,完成です。

★ ★ ★ ★ ★ ★ ★ ★ ★ ★ ★ 裏ネタ＋α ★ ★ ★ ★ ★ ★ ★ ★ ★ ★ ★

- 竹を描く場合，半紙中心部より，右もしくは左に少しずらして描くと空間ができて，見栄えします。
- 慣れてくれば，野菜（ナスなど）や果物，滝やたけのこなどを描くこともできます。
- 水墨画を描いた裏から，水彩絵の具で着色しても面白いでしょう。（絵筆にたっぷり水をふくませて，染み込ませるようにします）
- 使用する半紙は，広く使われている白くて薄くてツルツルしたものより，和紙あるいはそれに近いしっかりしたものの方が墨の滲み方もよく出ます。

《水彩画の作業過程》

①

水でひたした筆の先にちょこっと墨をつけます。

②

ドンッと置いて，スーッと線を引きます。

③

ほぼ完成です。竹の絵です。

名前でアート

> 自分の名前をデザイン化します。
> 自分の名前を改めて見つめ直すことで、名前が作品になります。

★★★★★★★★★★ 裏ネタのすすめ方 ★★★★★★★★★★

① 「今日は名前でアートをします」と伝えます。
② 「自分の名前を作品にするための説明をします」と伝え、黒板に教師自身の名前を漢字で丁寧に書きます。(横書き)
   ⇨デザインしやすい架空の名前でも構いません。
③ チョークの線を太くしていきながら、「名前の漢字を太くしたり、細くしたりしていくのが基本です」と説明します。
④ 「工夫したい人はこれから見せる写真を真似してみましょう」と言い、お店のＰＯＰや看板、字体の見本などを見せます。
⑤ 鉛筆で下書きをし、絵の具で色づけしていきます。

〈例〉

★ ★ ★ ★ ★ ★ ★ ★ ★ ★ ★ ★ 裏ネタ＋α ★ ★ ★ ★ ★ ★ ★ ★ ★ ★ ★ ★

●八つ切り画用紙を使います。
●漢字，ひらがな，ローマ字，カタカナなど，子どもたちが描きやすい文字を選ばせると面白いでしょう。
●油性ペンで縁取りすると，絵がハッキリするでしょう。

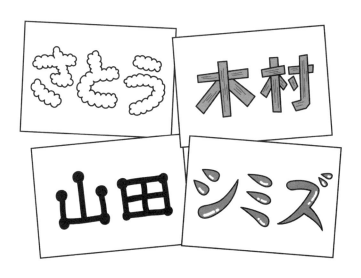

図工 4 飛行機とばそ

> 昔から親しまれている紙飛行機を作ります。
> オリジナル飛行機に仕上げるため、工夫を重ねていきます。

★ ★ ★ ★ ★ ★ ★ ★ ★ ★ 裏ネタのすすめ方 ★ ★ ★ ★ ★ ★ ★ ★ ★ ★

① 「今日は紙飛行機を作ります」と伝えます。
② 「今まで作ったことはありますか」と尋ね、作ったことがある子どもたちに一度折らせてみましょう。
③ 作ったことがない子には折り方を伝授します。
④ 飛行機が完成したら、体育館へ移動します。
⑤ みんなで飛距離を競い合います。
⑥ 「どうすれば、もっと飛ぶようになるのかなぁ」と投げかけ、子どもたち同士で相談、再製作させてみましょう。

★ ★ ★ ★ ★ ★ ★ ★ ★ ★ ★ ★ 裏ネタ＋α ★ ★ ★ ★ ★ ★ ★ ★ ★ ★ ★ ★

- ●折り紙，上質紙，画用紙，割り箸，セロハンテープ，クリップ，粘土，タコ糸などの材料を準備しておき，子どもたちには，よく飛ぶ紙飛行機の形を追究させましょう。
- ●体育館が使用できないときは，多目的室のように少し広めの部屋を使うと盛り上がります。
- ●おもりをつけると，飛行が安定するうえ，飛距離が格段に伸びることを伝えるとともに，実感させることができます。
- ●BGMに，AKB48の♪365日の紙飛行機♪をかけると，盛り上がります。
- ●【○年○組　誰の紙飛行機が一番飛んだかな？　飛距離選手権大会】を開催すると楽しく活動できます。
- ●落下するまでの時間を計測する【誰の紙飛行機が一番長く飛び続けられるのか？　祭り】を開催しても盛り上がります。
- ●晴れていて風の弱い日。運動場に出て，飛ばしあいをしても楽しいでしょう。ただし，運動場に紙飛行機を置き去りにすることなく，基地（教室）に戻ることを約束しておきます。

家庭科 1 よい舌を鍛えよう！ 味利きソムリエ

味覚は人によってさまざまです。
うまいものはうまいと感じます。
うまみ成分を舌で感じてみましょう。

★ ★ ★ ★ ★ ★ ★ ★ ★ ★ 裏ネタのすすめ方 ★ ★ ★ ★ ★ ★ ★ ★ ★ ★

《事前準備》
（1）鰹節と鰹節から取っただし汁
（2）昆布と昆布から取っただし汁
（3）煮干し（頭と腹を取り除いたもの）と煮干しから取っただし汁
（4）干ししいたけと干ししいたけから取っただし汁
（5）あごだしの素から取っただし汁　＊飛び魚
（6）何もだしを取っていない水

　どれも、同じ温度にしておきます。透明の容器に入れておきます。白の紙コップでも構いません。
① 家庭科室にて、「今日は味利きソムリエを探します」と伝え、テーブルの上に、だし汁の入った容器と紙皿の上にだしの素となったものを置いて並べます。
② 「さて、どれがどのだしから取っただし汁なのかを当て

てもらいます」と告げます。
③ 「チャレンジしてみたい人は，いますか」と，子どもたちに尋ねます。

★★★★★★★★★★★★ 裏ネタ＋α ★★★★★★★★★★★★

● 下のように，A～Fのだし汁の中から，特定のだしの素から取っただし汁がどれかを当てるという味利きでも，盛り上がります。

● だしの種類を増やして，いろいろなだしの味見をしても面白いでしょう。ただし，エビやカニ，その他アレルギー成分が含まれるものには，子どもたちの体調面に配慮し，十分気をつけるようにしましょう。
● だしを取るには，事前に熱湯を準備し，だしの素となるものを入れて，取るようにしましょう。また，味が混ざらないように，鍋をいくつか準備しておくとよいでしょう。
● 味利きレベルが上がれば，1番だし，2番だしの違いにも挑戦すると，面白いでしょう。

保健体育
1 前にならえ（三段活用）

> 整列するときに使います。子どもたちは，ニコニコします。TPOを考えて，使えます。

★ ★ ★ ★ ★ ★ ★ ★ ★ 裏ネタのすすめ方 ★ ★ ★ ★ ★ ★ ★ ★ ★

① 一つの場所に集合し，整列させるときに使います。
② 「前にならえ。」
　⇨通常時，肩の高さで腕を真っ直ぐ伸ばす。

　「小さく前にならえ。」
　⇨前につめて並ばせたいとき，肘を直角に曲げる。

「小さく小さく前にならえ。」

⇨極端に前につめさせたいとき,肘を後ろにひき,手をお腹の横につけ,前に突き出す。

③ 教師が見本を見せると,わかりやすいです。

※ニコニコしながら横を向き,整列の姿勢を見せる。

裏ネタ＋α

- 運動場,体育館,教室などさまざまな場所で使えます。また遠足に出かけたときにも使えます。
- 「小さく小さく前にならえ」を指示し,前の子の背中をさする活動を入れるとスキンシップがとれます。
- 慣れてくれば,声をかけなくても,ジェスチャーで子どもたちに伝わるようになります。
- 「整列は？」と子どもたちに問うと,「黙って,素早く！」と答えが返ってくるとよいでしょう。合言葉のようにして,整列できるようにしましょう。
- 最終的に先生が「前にならえ」と言わずとも,子どもたちが場所を考えて,(今は〜〜〜だな)と判断できるようになっていけるとよいでしょう。

第1章●授業づくりの裏ネタ【保健体育】

保健体育 2 JUMP−1グランプリ

> 跳躍力が飛躍的に伸びます。子どもたちは，競い合います。楽しみながら，活動できます。

★ ★ ★ ★ ★ ★ ★ ★ ★ 裏ネタのすすめ方 ★ ★ ★ ★ ★ ★ ★ ★ ★

① 校舎の壁を使います。教室の黒板（上下スライド式）を使用しても構いません。
② 「今日はみなさんで，JUMP-1 グランプリを行います。

③ 指先に黄チョークの粉をつけます。（目立ちにくい色は避けた方がよいでしょう）
④ 子どもたちを並行になるように，一列に並ばせます。
⑤ 最初の位置に印をつけます。
⑥ 粉をもう一度つけ，「せーの！」でジャンプし，高さを競います。（垂直跳び）ぶつかったり，手を打ったりしないように気をつけましょう。
⑦ 後日，一番ジャンプできた人に表彰状を贈ります。

★ ★ ★ ★ ★ ★ ★ ★ ★ ★ ★ 裏ネタ＋α ★ ★ ★ ★ ★ ★ ★ ★ ★ ★ ★

●教室の柱や体育館の壁なども利用できます。
●エントリー制にし，賞状やトロフィーを準備すると盛り上がります。
●一斉にみんなでジャンプするより，一人ひとりを確実に計測する方が盛り上がります。「がんばれ〜」など応援する声も上がります。
●「腕を下に振り下ろして，一気に腕を振り上げると，うまくいきますよ」など，事前にアドバイスをしてあげましょう。

保健体育 3 握力No.1選手権大会

> 握力を自主的に鍛えるようになります。
> 子どもたち同士,仲良くなります。
> 教師に挑戦してきます。

★ ★ ★ ★ ★ ★ ★ ★ ★ ★ 裏ネタのすすめ方 ★ ★ ★ ★ ★ ★ ★ ★ ★ ★

① 試合前に,学級全員と握手します。全力で「よろしくお願いします」とお互いに言い合います。

② 対戦表を黒板に貼り付けます。(事前に対戦相手は決定しておきます)

③ ふざけてやると,相手にケガさせてしまうので,真剣勝負でやることを全員に伝えます。

④ 二人一組となり,力を入れずに握手します。

⑤ 「レディ ゴー!」のかけ声で,一斉に力を入れます。

⑥ 一方が「ギブアップ!」と言ったら,対戦をすぐにストップします。

※我慢して言わない子がいるかもしれませんので,教師は注意深く,表情や手の色などを観察しておきます。

⑦ 対戦相手をかえて,試合をしていきます。

★ ★ ★ ★ ★ ★ ★ ★ ★ ★ ★ ★ 裏ネタ+α ★ ★ ★ ★ ★ ★ ★ ★ ★ ★ ★ ★

- エントリー制にし，トーナメントで試合をすると盛り上がります。
- 握力計を準備して，ランキング形式で教室に掲示しても面白いです。
- 握力を鍛えるために，ハンドグリップ10kg・20kg・30kgなどを店で購入しておき，教室に置いておくと休み時間に子どもたちは練習します。
- ハンドグリップを使って，10秒間で何回できるか，など，回数を競う大会もできます。その際，グリップがしっかり閉じられているかなど，ジャッジは正しく公平にしていきましょう。

道徳 1 教科書の裏を読め

> 教科書には,(どうして子どもたちに教科書が無償配布されているのか)が明確に書かれています。その意味を理解させると,教科書を大切にします。

★★★★★★★★★ 裏ネタのすすめ方 ★★★★★★★★★

① 国社算理のいずれかの教科書を準備します。
② 「この教科書は,あなたたちに無償,つまりタダで配られています。が,実は無料ではありません」と伝え,「では,どうして無償で配られているのでしょうか」と問います。
③ 「実はこの教科書を作った人やみなさんに提供しようとした人の大切なメッセージが書かれています。探してみましょう」と言って探します。

④ 教科書の裏の文言を確認し,全員で声に出して読みます。

⑤ 無償配布は無料だが,税金で賄われていることを説明し,「教科書に落書きしたり,破ったり,放り投げたりせず,これからはもっと大切に扱いましょう」と声をかけます。

★★★★★★★★★★★★ 裏ネタ＋α ★★★★★★★★★★★★

●子どもたちも納税者（消費税）であることを確認します。
●ノートはじめ,市販テストや学校で使うもののほとんどが,おうちの人が払ってくれたお金で買えていることも伝えられるとよいですね。
●義務教育であるので,小学校,中学校では教科書は無償提供されているが,高校,大学では,お金を出して,教科書を買わなければいけないことも説明します。
●教科書は最高のテキストであることを子どもたちに伝え,大学の先生はじめ,大人たちが真剣に話し合いをし,意見を出し合い,完成していることも説明に付け加えると,子どもたちは「なるほど！」となります。
●紛失,破損などで,教科書が使えなくなり,新たに購入しようとすれば,お金がかかることを子どもたちに伝えます。（値段については,教科書会社や教科によって違いますので,インターネットで調べ,自分たちが使っている教科書がいくらで販売されているのか,調べておくとよいでしょう）

道徳 2 ボランティア

> ボランティアとは，強制的にやるものか，自主的にやるものか，対価を求めていいものか。世のため，人のため，最後は自分のためなのか。

★★★★★★★★★★★ 裏ネタのすすめ方 ★★★★★★★★★★★

① 子どもたちに1枚の写真（スーパーボランティアの方）を見せ，「この人を知っていますか」と問います。
② 「この人は何をしている人ですか」と続けて問い，「どうして，ボランティアを続けておられるのかな」とさらに問い，エピソードを読み上げます。
③ 「今から写真（ボランティア活動の様子がわかるもの）を見せますので，自分ならばできる！　やってみようかな？　と思えるものには〇，できないなぁと思うものには△を書きます」と説明し，メモ用紙を配付します。
④ 「〇と△が書けた人は，理由も書きます」と続けます。
⑤ それぞれの意見を聞き合い，お互いに拍手を贈ります。

★★★★★★★★★★★★ 裏ネタ+α ★★★★★★★★★★★★

●身近なもの（公園掃除，教室のゴミ拾いなど）から，世の中のもの（駅前での〇〇活動，被災地復旧作業など）まで幅広い写真を準備します。

第2章

使える
アイテムネタ

　これが使えると,授業も学級経営も,さらに充実するはず。コストが,かかるものもありますが,一生に一度のその学年。
　ぜひ裏ネタを使ってみましょう。

使えるアイテムネタ 1 メガホン

> 黄色，オレンジ，赤……色とりどりのメガホンが教室に並んでいます。いろいろな場面で使えるすぐれモノです。

★★★★★★★★★★ 裏ネタのすすめ方 ★★★★★★★★★★

① 国語の音読場面。映画監督の如く，メガホンを持って「よーい，スタート！」と元気よく言います。読み終わると，「カーーット！」と大きな声で言います。

② 声を出すことに，抵抗があったり，自信がなかったりする子どもがいましたら，ぜひ「使ってみますか？」と声をかけます。

③ 2つのメガホンを打ち合わせて，歌を歌うときの前奏やリズム，効果音などに使いましょう。

④ 子どもたちが主体的に使えるように，すぐに使えるように，後ろのロッカーの上に並べておいてもよいでしょう。

⑤ 本来の使い方で，声を大きく響かせるときに使います。体育館や運動場で使うと，より大きな声が届いて，便利です。

★★★★★★★★★★★★ 裏ネタ＋α ★★★★★★★★★★★★

- カッチン（映画撮影時に使うもの）と一緒に使うと、授業が盛り上がります。子どもたちは、エアカメラを持って、カメラマンとして参加してくるかもしれません。
- 帽子をかぶると、より映画監督らしくなり、楽しい雰囲気が作り出せます。
- 二股のものや細長いものなど、バリエーションを増やしてみるのも面白いです。
- 個人で使うのもよし、チームで使うのもよし。
- 大きいメガホン、小さいメガホンなど、大きさもあれこれ揃えると、使える場面が増えます。
- メガホンは、市販されているものや野球場で販売されているものを使用します。

使えるアイテムネタ 2 カウントダウン

> 子どもたちに素早く行動させたいときや素早く着席させたいときに有効な方法です。

★ ★ ★ ★ ★ ★ ★ ★ ★ ★ 裏ネタのすすめ方 ★ ★ ★ ★ ★ ★ ★ ★ ★ ★

① 子どもたちが活動していて，素早く自席に戻らせたいときに使う方法です。

②「残り時間10秒です。10秒カウントする間に自分の席に戻りましょう」と言い，カウントを始めます。

③ 最初はゆっくり，5秒くらいから少し早めにカウントしていきます。「じゅ〜う，きゅ〜う，は〜ち，な〜な……」と子どもたちの動きを見ながら，スピードを調整します。

④「10秒だと余裕だった人がほとんどでしたね。素晴らしい動きです」と言って，できたことを褒めます。

⑤「もっと速くできるで！」という声が上がれば，「よし！じゃあ，次はスピードを上げるからね」と伝えます。子どもたちは，ますますやる気になります。

★★★★★★★★★★★ 裏ネタ+α ★★★★★★★★★★★

- 設定タイムを20秒や30秒にしたり，カウントを速めたりして工夫していきましょう。
- キッチンタイマーを使うと，見える化できます。子どもたちにタイムが見えると，時間への意識が高まります。
- BGMを使うと，臨場感が増して，盛り上がります。「この曲が終わるまでに，帰りの準備を終わらせましょう。」
  〈例〉ジョーズのテーマ曲など
- 教師がカウントするとともに，手拍子を入れると，音が耳に入り，より効果的です。
- 無茶なタイム設定は，子どもたちの混乱を招きますので，少し頑張ればできるかな？　というレベルからスタートして，できた！　を増やしていくことを心がけましょう。

使える
アイテムネタ

3 壁時計

> 教師は振り返らなくて済みます。
> 活動中,子どもたちも時計を見ることができます。教師も子どもも時間を意識して動けます。

★ ★ ★ ★ ★ ★ ★ ★ ★ ★ 裏ネタのすすめ方 ★ ★ ★ ★ ★ ★ ★ ★ ★ ★

① 壁に掛けられるタイプの時計を購入します。
② 教室の後ろの壁に押しピンを刺します。(フック付きの物)
③ 壁時計を押しピンに引っかけます。

④ 「今日から教室の時計が2つになりました」と子どもたちに紹介します。
⑤ 後ろを向いて活動するときも,子どもたちは時間を意識することができます。

* * * * * * * * * * * * 裏ネタ+α * * * * * * * * * * * *

●時計を正しい時刻に合わせておきましょう。前と後ろで時刻が合っているか確認をしておきましょう。
●派手なものは避けましょう。
●デジタル表示ではなく，指針のある時計を使うようにしましょう。時刻を読む学習になります。
●安定が悪い場合，固定するように工夫して掛けるようにしましょう。落下すると，危険です。
●教師が時計を気にしすぎると，子どもたちも時間ばかり気になります。時計を見るのも，チラッと見る程度にして，授業に集中しましょう。
●高価なものではなく，安価で，壊れにくいものにするようにしましょう。
●たまに，後ろを指さし，「What time is it now?」と子どもたちに問うても面白いです。

欠席連絡シート

> 欠席した子への連絡シートです。
> 連絡帳に書くのもよいのですが，連絡帳を他人に見られたくない子もいます。

★★★★★★★★★★ 裏ネタのすすめ方 ★★★★★★★★★★

① 右のように欠席連絡シートを作成します。

② 欠席連絡シートを欠席している子の机の上に貼ります。

③ 隣席以外の子でも書き込みOK。

④ 最後に欠席した子へのメッセージを書いてもらいます。希望する子にお願いしておきます。

⑤ 教師も書き込みます。このとき，子どもたちが書き込んだことをチェックすることができます。

⑥ 欠席連絡シートは家の近い子どもに届けてもらいます。

★ ★ ★ ★ ★ ★ ★ ★ ★ ★ ★ ★ 裏ネタ＋α ★ ★ ★ ★ ★ ★ ★ ★ ★ ★ ★ ★

●連絡シートには，季節の花や風景，絵などを描き入れるとよいでしょう。手描き，印刷，どちらでもＯＫです。欠席した子が見たとき，心が和みます。

●欠席理由を子どもたちに伝えにくい場合は，「体調が悪いそうだよ」「家の都合らしいよ」くらいに止めておきましょう。

●メッセージや連絡は，丁寧に書いて，最後に自分の名を書き入れさせましょう。

●欠席しているときは，(メッセージ書いてくれるかな？)(今日は何をしたんだろう？)と不安に思う子どもがいます。少しでも不安を和らげるためにも，できるだけ細かくシートを書くこと，電話１本入れること，教師がその子どものおうちへ配達すること（近くの家の子が都合が悪いとき）……など，連絡シートを届けるだけで満足しないようにしましょう。

●雨の日に届けなければいけないときがあります。チャック付き連絡袋を準備しておき，そこにシートを入れて届けるようにしましょう。登校したときに返却してもらいます。

著者紹介
中條佳記

1977年奈良県天理市生まれ。大阪育ち。奈良県王寺町立王寺南小学校勤務。お笑い教師同盟に所属し，教育サークル「奈良初等教育の会」代表。
おもな編著書に『CD-ROM付き 授業や学級経営に活かせるフラッシュカードの作り方・使い方』『子どもの実感を引き出す授業の鉄板ネタ54』『表ネタが通用しない場面へ投入！ 学級づくり＆職員室の裏ネタ45』(単著)『コピーして使える授業を盛り上げる教科別ワークシート集〈中学年〉』(中村健一共著)。なお中村健一氏による編著書『子どもも先生も思いっきり笑える爆笑授業の作り方72』『学級担任に絶対必要な「フォロー」の技術』『子どもの表現力を磨くおもしろ国語道場』『めっちゃ楽しく学べる算数のネタ73』『子どもが大喜びで先生もうれしい！ 学校のはじめとおわりのネタ108』(以上，黎明書房) にも協力。明治図書の『ロケットスタート』シリーズ3～6年，『学級経営大事典』にも執筆。

＊イラスト：さややん。

表ネタが通用しない場面へ投入！
授業づくりの裏ネタ38＆使えるアイテムネタ4

2018年2月10日 初版発行

著　者	中　條　佳　記	
発行者	武　馬　久仁裕	
印　刷	株式会社　太洋社	
製　本	株式会社　太洋社	

発　行　所　　株式会社　黎明書房

〒460-0002　名古屋市中区丸の内3-6-27 EBSビル　☎052-962-3045
　　　　　　　FAX052-951-9065　振替・00880-1-59001
〒101-0047　東京連絡所・千代田区内神田1-4-9　松苗ビル4階
　　　　　　　☎03-3268-3470

落丁本・乱丁本はお取替えします。　　　ISBN978-4-654-00375-4
©Y.Nakajo 2019, Printed in Japan

表ネタが通用しない場面へ投入！ ## 学級づくり＆職員室の裏ネタ 45

中條佳記著　Ｂ５・98頁　1400円

教師のための携帯ブックス㉔　普通のネタ（表ネタ）よりも強力な，本当に困ったときの，頼りになる裏ネタを 45 種厳選して紹介。学習意欲を高めるネタや絆を深めるネタ，学習規律をつくるネタやご褒美グッズなど満載。

CD-ROM付き 授業や学級経営に活かせるフラッシュカードの作り方・使い方

中條佳記著　Ｂ５・65頁　2300円

授業や給食指導等の基礎的な知識を楽しく指導できるフラッシュカードの作り方・使い方を紹介。CD-ROM には，印刷してすぐ使えるカード約 1300 枚を収録。

子どもの実感を引き出す授業の鉄板ネタ 54

中條佳記著　Ａ５・114頁　1750円

オーソドックススタイルの普段の授業が，がぜん分かりやすくなる強力鉄板ネタを，教育効果→準備の手順→教師が意識して使った技→子どもたちの実感をより引き出すテクニックと，誰でもすぐ実践できるよう順序立てて全教科紹介。

コピーして使える ## 授業を盛り上げる教科別ワークシート集（中学年）

付録：「エライ！　シール」付き

中條佳記・中村健一編著　Ｂ５・79頁　1800円

小学校中学年の授業の導入や学級づくりに役立つ楽しいワークシート集。国語・算数・理科・社会の各 8 項目に学活 3 項目を加えた，計 35 項目収録。

子どもも先生も思いっきり笑える 73 のネタ大放出！

中村健一著　Ｂ６・94頁　1200円

教師のための携帯ブックス①　「笑い」で子どもたちの心をつかみ，子どもたちが安心して自分の力を発揮できる教室づくりの，楽しい 73 のネタを紹介。この本を片手に，楽しい笑いの絶えない教室をつくりましょう。

子どもも先生も思いっきり笑える爆笑授業の作り方 72

中村健一編著　Ｂ６・94頁　1200円

教師のための携帯ブックス⑧　現役教師たちが実践している，毎日の授業を楽しくするネタの数々をあますことなく紹介。学習規律，授業の導入，展開，終末に分け，ひと授業の中で使える爆笑ネタが満載。

表示価格は本体価格です。別途消費税がかかります。

■ホームページでは，新刊案内など，小社刊行物の詳細な情報を提供しております。「総合目録」もダウンロードできます。　http://www.reimei-shobo.com/

デキる！　教師の１日
中村健一編著　教師サークル「ほっとタイム」協力　Ｂ６・102頁　1300円

教師のための携帯ブックス⑱　どうしたら仕事のデキる教師になれるのか？仕事のデキる教師の１日に沿って，仕事の効率を上げる方法をリアルに紹介。仕事の効率を上げると，学級づくりもうまくいき，教室は笑顔！

ホメる！　教師の１日
中村健一編著　河内教員サークルＳＯＹＡ協力　Ｂ６・101頁　1300円

教師のための携帯ブックス⑲　教師の一番の仕事は，ホメること。朝の会から帰りの会・放課後まで，事あるごとにホメまくり，子どもたちを，クラスを，授業をどんどん素晴らしくしていく78のネタを紹介。

笑う！　教師の１日
中村健一とゆかいな仲間たち著　Ｂ６・96頁　1300円

教師のための携帯ブックス⑳　朝イチから帰りまで，授業中もちょっとした隙間時間や休み時間も，給食や掃除の時間にも笑う，子どもたちも教師も笑顔になる77のネタ！　笑いのある教室にすることは学級崩壊の予防にもなります。

もっと笑う！　教師の２日目
中村健一とゆかいな仲間たち著　Ｂ６・98頁　1300円

教師のための携帯ブックス㉑　教師が上の階から子どもたちに行う「天使のあいさつ」，掃除の時間に，子どもの耳元でささやく「デビル〇〇のささやき」など，朝から帰りまで１日中笑えるネタ80。笑顔のある学級は崩壊しません。

忙しい先生方が無理なく取り組める授業のアイディア30
古川光弘著　Ｂ６・94頁　1400円

教師のための携帯ブックス㉒　１年生でも授業に集中でき，漢字も九九も楽しく定着でき，音読表現力や作文力も身に付き，暗記科目でも子どもたちが楽しく学ぶことができるなど，きわめつきの授業法がコンパクトに。

クイズで実感！　学級づくり・授業づくり"50の極意"
古川光弘著　Ｂ６・94頁　1400円

教師のための携帯ブックス㉓　達人教師・古川光弘先生の学級づくり，授業づくりの"50の極意"をクイズで楽しく習得できます。子どもたちとの関係性の作り方から，学習規律，ノートの指導法まで，教師のいろはが詰まっています。

表示価格は本体価格です。別途消費税がかかります。